Die Abgeltungsteuer

Teil 1:

Lexikon von A-Z

Teil 2:

Änderungen zwischen altem und neuem Recht

Auswirkungen

Impressum

Bibliografische Information der Deutschen Nationalbibliothek

Die Deutsche Nationalbibliothek verzeichnet diese Publikation in der Deutschen Nationalbibliografie; detaillierte bibliografische Daten sind im Internet über http://dnb.d-nb.de abrufbar

Herstellung und Verlag: Books on Demand GmbH, Norderstedt
© 2008 **spin**books, Petra Glebe
ISBN: 978-8370-5810-9

spinbooks
Petra Glebe
Postfach 12 02 32
42332 Wuppertal
www.spinbooks.de

Inhaltsverzeichnis

Teil 2:

Teil 1:

Lexikon zur Abgeltungsteuer

Von A-Z

Ab dem 1. Januar 2009 hat der Steuerabzug bei Kapitalerträgen abgeltende Wirkung, das heißt es besteht grundsätzlich keine Pflicht mehr, diese Erträge in der Steuererklärung anzugeben. Rechtstechnisch heißt diese Art der Steuererhebung Kapitalertragsteuer, aber wegen der abgeltenden Wirkung spricht man im Allgemeinen von der „Abgeltungsteuer ". Von A wie Altersvorsorge bis Z wie Zinseinkünfte: Was sich durch das neue Verfahren der Besteuerung von Kapitalerträgen für Deutschlands Sparer und Privatanleger ändert, erfahren Sie hier in mehr als 60 Stichwörtern.

Abgeltungsteuer

Bislang hatte die insbesondere von Banken, Sparkassen, Versicherungsunternehmen und Kapitalgesellschaften einbehaltene Steuer auf Kapitalerträge (Zinsabschlag und Kapitalertragsteuer) lediglich den Charakter einer Vorauszahlung auf die vom Finanzamt zu ermittelnde Einkommensteuer . Ab dem 1. Januar 2009 wird die erhobene Steuer mit abgeltender Wirkung ausgestattet; man spricht deshalb von der Abgeltungsteuer für Kapitaleinkünfte.

Rechtstechnisch wird diese Steuer jedoch als Kapitalertragsteuer bezeichnet. Ab 2009 werden Zinsen, Dividenden, Fondsausschüttungen oder Kurs- und Währungsgewinne pauschal mit einem einheitlichen Steuersatz von 25 Prozent zuzüglich Solidaritätszuschlag und gegebenenfalls Kirchensteuer besteuert.

Die Abgeltungsteuer bzw. Kapitalertragsteuer fällt allerdings nur dann an, wenn der Sparer-Pauschbetrag von 801 Euro für Ledige bzw. 1.602 Euro für Verheiratete überstiegen wird oder wenn keine Nichtveranlagungsbescheinigung vorgelegt wird.

Aktien

Neuregelungen für laufende Erträge und Veräußerungsgewinne für Aktien, die nach dem 31.12.2008 erworben wurden, im Überblick:

Bei Erwerb von Aktien nach dem 31.12.2008 sind die Gewinne künftig abgeltungsteuerpflichtig – und zwar unabhängig von der Haltedauer.

Das Halbeinkünfteverfahren entfällt.

Bei Beteiligungen, die über 1 Prozent liegen, wird bei Veräußerungen das Teileinkünfteverfahren angewendet, das heißt: 40 Prozent bleiben steuerfrei.

Verluste aus Aktienverkäufen können künftig nur noch mit Gewinnen aus Aktienverkäufen verrechnet werden.

Die Berücksichtigung von Altverlusten aus Aktienverkäufen, das heißt Verlusten, die auf Grund von Aktienveräußerungen innerhalb der bisherigen Jahresfrist entstanden sind, wird künftig folgendermaßen gehandhabt:

Eine Verrechnung mit Veräußerungsgewinnen aus Kapitalanlagen ist nur bis 2013 möglich.

Darüber hinaus können solche Verluste nur noch mit Gewinnen aus anderen privaten Veräußerungsgeschäften wie zum Beispiel Grundstücken, dies allerdings zeitlich unbegrenzt, verrechnet werden.

Altersvorsorge

Auf Anlageformen, die ausschließlich der privaten Altersvorsorge dienen, wird keine Abgeltungsteuer erhoben, das heißt: Riester-Fondssparpläne, Rürup -Renten und betriebliche Vorsorgepläne bleiben von der Abgeltungsteuer ausgenommen. Ebenfalls unberührt von der Abgeltungsteuer bleiben private Renten- und Kapitallebensversicherungen, sofern die Verträge vor dem 1.1.2005 abgeschlossen wurden und die Haltedauer mindestens 12 Jahre beträgt.

Altverluste aus Aktienverkäufen

Die Berücksichtigung von Altverlusten aus Aktienverkäufen, das heißt Verlusten, die auf Grund von Aktienveräußerungen innerhalb der bisherigen Jahresfrist entstanden sind, wird künftig folgendermaßen gehandhabt:

Eine Verrechnung mit Veräußerungsgewinnen aus Kapitalanlagen ist nur noch bis 2013 möglich.

Darüber hinaus können solche Verluste nur noch mit Gewinnen aus anderen privaten Veräußerungsgeschäften wie zum Beispiel Grundstücken, dies allerdings zeitlich unbegrenzt, verrechnet werden.

Altverluste aus privaten Veräußerungsgeschäften

Altverluste aus privaten Veräußerungsgeschäften, das heißt Verluste, die auf Grund von Veräußerungen innerhalb der bisherigen Jahresfrist entstanden sind, kann der Steuerpflichtige für eine Übergangszeit bis zum Jahr 2013 mit Einkünften aus der Veräußerung von Kapitalanlagen – zum Beispiel Gewinnen aus Veräußerungen von Aktien oder Fondsbeteiligungen – verrechnen. Eine Verrechnung mit Zinseinkünften oder Dividendenausschüttungen ist dagegen nicht zulässig. Dies war auch nach dem bisherigen Recht nicht möglich.

Beispiel: A hat beim Börsencrash im Jahr 2001 Verluste aus privaten Veräußerungsgeschäften in Höhe von 20.000 Euro erzielt, die er bisher noch nicht verrechnen konnte. Im Jahr 2010 erzielt er Einkünfte aus Kapitalvermögen in Höhe von 20.000 Euro.

Hierbei entfallen 10.000 Euro auf Zinseinkünfte und Dividendenausschüttungen (Einkünfte nach § 20 Abs. 1 EStG). Die übrigen Einkünfte von 10.000 Euro stammen aus der Endfälligkeit von Zertifikaten, aus Einlösungsgewinnen bei Finanzinnovationen (zum Beispiel Umtauschanleihen), aus Termingeschäften sowie aus Veräußerungsgewinnen aus Aktien, die er im Jahr 2009 angeschafft hat (Einkünfte nach § 20 Abs. 2 EStG).

A kann lediglich einen Verlust von 10.000 Euro verrechnen, da die Altverluste nicht mit den Gewinnen aus den Zinseinkünften und Dividendenausschüttungen verrechnet werden können. Für A besteht allerdings die Möglichkeit, die Verluste noch in den Jahren 2011 bis 2013 geltend zu machen.

Voraussetzung hierfür ist allerdings, dass der Steuerpflichtige derartige Altverluste im Jahr ihrer Entstehung in seiner Steuererklärung angegeben hat und sie vom Finanzamt durch den Erlass eines Verlustfeststellungsbescheides berücksichtigt wurden.

Anlageentscheidung

Die einheitliche Besteuerung der verschiedenen Kapitalanlageformen von pauschal 25 Prozent erleichtert Steuerpflichtigen künftig die individuelle Anlageentscheidung. Nicht der steuerliche Aspekt, sondern die individuelle Lebensplanung sollte im Vordergrund stehen. Sparer sollten darauf achten, welche Anlageform ihrem Bedarf in punkto Risikobereitschaft und Liquidität am meisten gerecht wird.

Arbeitsentlastung

Die Abgeltungsteuer bringt für die meisten Steuerpflichtigen eine deutliche Arbeitsentlastung mit sich: Künftig müssen sich Steuerpflichtige nicht mehr um die steuerlichen Aspekte ihrer Kapitalanlagen kümmern, sofern sie eine Konto- oder Depotverbindung bei einem inländischen Kreditinstitut unterhalten und auch keine steuerlichen Vergünstigungen, bei denen die Höhe der Kapitaleinkünfte maßgebend ist (zum Beispiel Spenden, außergewöhnliche Belastungen), in Anspruch nehmen möchten.

Bestandsschutz

Es besteht ein grundsätzlicher Bestandsschutz für Aktien, Fonds und festverzinsliche Wertpapiere, das heißt:

Gewinne aus der Veräußerung von Kapitalanlagen, die vor dem 1.1.2009 erworben wurden, bleiben auch in Zukunft steuerfrei, sofern die einjährige Behaltefrist eingehalten wurde.

Für Wertpapiere, die ab dem 1.1.2009 gekauft werden, fällt unabhängig von der Haltedauer Abgeltungsteuer an.

Oben genannte Regelungen gelten auch für Anteile, die im Rahmen von Fondssparplänen erworben wurden.

Für Risiko-Zertifikate (gemeint sind Zertifikate, bei denen weder die Rückzahlung des Kapitals noch ein Ertrag garantiert wird) gelten Sonderregelungen:

Wurden Risiko-Zertifikate vor dem 15.3.2007 erworben, bleiben die Veräußerungsgewinne nach Ablauf der einjährigen Behaltefrist unbegrenzt steuerfrei.

Risiko-Zertifikate, die ab dem 15.3.2007 erworben wurden, können noch bis zum 30.6.2009 steuerfrei veräußert werden, sofern die einjährige Behaltefrist eingehalten wird.

Betriebliche Vorsorgepläne

Auf Anlageformen, die ausschließlich der privaten Altersvorsorge dienen, wird keine Abgeltungsteuer erhoben, das heißt: Riester-Fondssparpläne,

Rürup-Renten und betriebliche Vorsorgepläne bleiben von der Abgeltungsteuer ausgenommen. Ebenfalls unberührt von der Abgeltungsteuer bleiben private Renten- und Kapitallebensversicherungen, sofern die Verträge vor dem 1.1.2005 abgeschlossen wurden und die Haltedauer mindestens 12 Jahre beträgt.

Dachfonds

Bei einer Dachfondskonstruktion hält ein Investmentvermögen Anteile an einem oder mehreren anderen Investmentvermögen (Zielfonds). Die Besteuerungsregelungen für das Halten von Anteilen an Dachfonds oder an Zielfonds sind grundsätzlich gleich.

Insbesondere sind Zinsen und Dividenden auch bei Thesaurierung durch einen Zielfonds bei dem Inhaber des Dachfondsanteils steuerpflichtig. Ein Unterschied besteht im Vergleich zwischen der Direktanlage in einen einzelnen Zielfonds und dem Halten eines Dachfonds darin, dass die Veräußerung eines Zielfonds bei der Direktanlage steuerpflichtig ist, während die von einem Dachfonds erzielten Gewinne bei Veräußerung eines Zielfonds erst bei Ausschüttung an den Anleger steuerpflichtig sind.

So lange derartige Gewinne im Dachfonds verbleiben, also reinvestiert werden, fällt keine Steuer an.

Depotgebühren

Depotgebühren von Kapitalanlagen zählen grundsätzlich zu den pauschalierten Werbungskosten und können nicht gesondert geltend gemacht werden. Über den Sparer-Pauschbetrag in Höhe von 801 Euro für Ledige bzw. 1.602 Euro für Verheiratete sind Werbungskosten, also auch Depotgebühren, bereits berücksichtigt. Die Mehrzahl der Steuerpflichtigen hat geringere Werbungskosten als 801 Euro.

Lediglich bei Steuerpflichtigen mit hohem Einkommen fällt im Durchschnitt ein höherer Werbungskostenbetrag an. Diese profitieren aber bereits von dem proportionalen Abgeltungsteuersatz von 25 Prozent.

Dividendeneinkünfte

Unter die Regelungen der Abgeltungsteuer fallen grundsätzlich alle Einkünfte aus dem Kapitalvermögen, also auch Einkünfte aus Dividenden. Außerdem werden Gewinne aus Aktienverkäufen und Dividenden, sofern diese zusammen den Sparer-Pauschbetrag von 801 Euro für Ledige bzw. 1.602 Euro für Verheiratete übersteigen, komplett versteuert – das bisher gültige Halbeinkünfteverfahren entfällt ab 2009.

Einkünfte

Unter die Regelungen der Abgeltungsteuer fallen grundsätzlich alle Einkünfte aus Kapitalvermögen, insbesondere Zinserträge aus Geldeinlagen bei Kreditinstituten, Kapitalerträge aus Forderungswertpapieren, Dividenden, Erträge aus Investmentfonds oder Termingeschäften und auch Zertifikatserträge. Weiterhin erfasst die Abgeltungsteuer Gewinne aus privaten Veräußerungsgeschäften, insbesondere bei Wertpapieren, Investmentanteilen und Beteiligungen an Kapitalgesellschaften, nicht jedoch Immobilien.

Festzinsanleihen

Für Festzinsanleihen, die nach dem 31.12.2008 erworben werden, gilt für laufende Erträge und Veräußerungsgewinne der Abgeltungsteuersatz.

Bei Festzinsanleihen, die vor dem 1.1.2009 erworben wurden (Alt-Anleihen), sind nur die laufenden Erträge mit dem Abgeltungsteuersatz zu versteuern. Gewinne bei Veräußerung oder Einlösung fallen nicht unter die Abgeltungsteuer. Nur wenn eine Alt-Anleihe innerhalb eines Jahres veräußert wird, sind die Gewinne noch als privates Veräußerungsgeschäft steuerpflichtig und unterliegen dem allgemeinen Einkommensteuertarif .

Finanzinnovationen

Folgende Regelung gilt für Zerobonds, Gleitzinsanleihen, inflationsindexierte Anleihen, Garantie-Zertifikate: Zukünftig erfolgt die Besteuerung der laufenden Zahlungen im Rahmen der Abgeltungsteuer. Auch alle Veräußerungen nach dem 31.12.2008 unterliegen der vollen Besteuerung des Gewinns zum Abgeltungsteuersatz.

Fonds, gewerbliche geschlossene

Für gewerbliche geschlossene Fonds ändert sich durch die Abgeltungsteuer nichts.

Fonds, geschlossene mit Kapitalanlagen

Zukünftig unterliegen laufende Erträge - gegebenenfalls nach Kürzung um den Sparer-Pauschbetrag in Höhe von 801 Euro für Ledige bzw. 1.602 Euro für Verheiratete - der Abgeltungsteuer.

Bei Anschaffung der einzelnen Kapitalanlage - nicht des Fondsanteils - nach dem 31.12.2008 greift die Steuerpflicht zum Abgeltungsteuersatz. Abweichendes gilt für eine (durchgerechnete) Beteiligung an einer Kapitalgesellschaft oder Genossenschaft von 1 Prozent oder mehr. Hier erfolgt die Besteuerung der Veräußerungsvorgänge auch in Zukunft zum allgemeinen Einkommensteuertarif mit Teileinkünfteverfahren, das heißt: 40 Prozent bleiben steuerfrei. Das Halbeinkünfteverfahren entfällt.

Bei Anschaffung der einzelnen Kapitalanlage - nicht des Fondsanteils - vor dem 1.1.2009 gilt weiterhin die Steuerpflicht auf Veräußerungsgewinne mit dem allgemeinen Einkommensteuertarif und das

Halbeinkünfteverfahren innerhalb der einjährigen Behaltefrist. Bei einer (durchgerechneten) Beteiligung an einer Kapitalgesellschaft oder Genossenschaft von 1 Prozent und mehr besteht nach geltendem Recht unabhängig von der Haltedauer eine Steuerpflicht zum allgemeinen Einkommensteuertarif unter Anwendung des Halbeinkünfteverfahrens.

Garantie-Zertifikate

Garantie-Zertifikate zählen zu den Finanzinnovationen. Zukünftig erfolgt die Besteuerung der laufenden Zahlungen im Rahmen der Abgeltungsteuer . Auch alle Veräußerungen **nach dem 31.12.2008** unterliegen der vollen Besteuerung des Gewinns zum Abgeltungsteuersatz.

Genussrechte, aktienähnliche

Die Neuregelungen für laufende Erträge und Veräußerungsgewinne aus aktienähnlichen Genussrechten, die **nach dem 31.12.2008** erworben wurden, im Überblick:

Laufende Erträge und Veräußerungsgewinne unterliegen grundsätzlich dem Abgeltungsteuersatz.

Bei einer Beteiligung von 1 Prozent und mehr gilt für Veräußerungen das Teileinkünfteverfahren unabhängig von der Haltedauer, das heißt: 40 Prozent bleiben steuerfrei.

Weiterhin können in Zukunft Veräußerungsverluste unabhängig von der Haltedauer geltend gemacht werden. Für Verluste aus nach dem 31.12.2008 erworbenen Genussrechten gilt nicht die Einschränkung auf die Verrechnung nur mit Gewinnen aus entsprechenden Rechten wie bei Aktien.

Für laufende Erträge und Veräußerungsgewinne von aktienähnlichen Genussrechten, die vor dem 1.1.2009 erworben wurden, gilt:

Die laufenden Erträge unterliegen der Abgeltungsteuer.

Bei einer Beteiligung von 1 Prozent und mehr erfolgt die Besteuerung des Gewinns aus der Veräußerung unabhängig von der Haltedauer mit dem Teileinkünfteverfahren.

Bei einer Beteiligung unter 1 Prozent wird das Halbeinkünfteverfahren angewendet, sofern die Veräußerung innerhalb der einjährigen Spekulationsfrist erfolgt.

Für die Berücksichtigung von Altverlusten aus Verkäufen vor dem 1.1.2009 gilt künftig, dass eine Verrechnung mit Veräußerungsgewinnen aus Kapitalanlagen nur noch bis 2013 möglich ist. Mit Gewinnen aus anderen privaten Veräußerungsgeschäften wie zum Beispiel Grundstücken können die Verluste zeitlich unbegrenzt verrechnet werden.

Genussrechte, obligationsähnliche

Laufende Gewinne unterliegen künftig dem Abgeltungsteuersatz. Veräußerungsgewinne von obligationsähnlichen Genussrechten, die **nach dem 31.12.2008** erworben werden, werden ebenfalls mit dem Abgeltungsteuersatz besteuert. Bei Erwerb **vor dem 1.1.2009** erfolgt die Besteuerung des Gewinns zum allgemeinen Einkommensteuertarif nur bei Veräußerung innerhalb eines Jahres. Regeln über Finanzinnovationen sind ausdrücklich ausgeschlossen.

Gewinnobligationen

Laufende Erträge unterliegen künftig dem Abgeltungsteuersatz. Veräußerungsgewinne von Gewinnobligationen, die **nach dem 31.12.2008** erworben werden, werden ebenfalls mit dem Abgeltungsteuersatz besteuert. Bei Gewinnobligationen, die **vor dem 1.1.2009** erworben werden, unterliegen Ergebnisse aus der Veräußerung innerhalb eines Jahres dem allgemeinen Einkommensteuertarif. Regeln über Finanzinnovationen gelten nicht.

Gleitzinsanleihen

Gleitzinsanleihen zählen zu den Finanzinnovationen. Zukünftig erfolgt die Besteuerung der laufenden Zahlungen im Rahmen der Abgeltungsteuer. Auch alle Veräußerungen **nach dem 31.12.2008** unterliegen der vollen Besteuerung des Gewinns zum Abgeltungsteuersatz.

GmbH-Anteile

Bei Erwerb von GmbH-Anteilen **nach dem 31.12.2008** sind die Veräußerungsgewinne künftig abgeltungsteuerpflichtig – und zwar unabhängig von der Haltedauer. Weiterhin entfällt das Halbeinkünfteverfahren. Bei GmbH-Beteiligungen, die über 1 Prozent liegen, wird auf Veräußerungsgewinne das Teileinkünfteverfahren angewendet, das heißt: 40 Prozent bleiben steuerfrei. Laufende Gewinnausschüttungen unterliegen als Dividenden der Abgeltungsteuer.

Halbeinkünfteverfahren

Das bisher gültige Halbeinkünfteverfahren entfällt ab 2009, das heißt: Im Privatvermögen werden Gewinne aus Aktienverkäufen und Dividenden komplett versteuert.

Haltedauer

Künftig spielt die Haltedauer von Wertpapieren für die Besteuerung von Veräußerungsgewinnen keine Rolle mehr – die einjährige Behaltefrist entfällt.

Aber: Es besteht ein grundsätzlicher Bestandsschutz für Aktien, Fonds und festverzinsliche Wertpapiere, die **vor dem 1.1.2009** erworben wurden.

Immobilien, vermietete

Nach altem und neuem Recht unterliegt die Besteuerung der laufenden Erträge aus vermieteten Immobilien dem allgemeinen Einkommensteuertarif. Nach altem und neuem Recht erfolgt eine Besteuerung des Gewinns aus der Veräußerung vermieteter Immobilien nur bei einer Haltedauer unter 10 Jahren. Verluste aus privaten Grundstücksveräußerungen sind nur mit Gewinnen aus privaten Veräußerungsgeschäften verrechenbar.

Immobilien, eigengenutzte

Eigengenutzte Immobilien unterliegen keiner Besteuerung (Konsumgutlösung). Auch bei durchgängiger Eigennutzung oder Eigennutzung im Veräußerungsjahr und den beiden vorangegangenen Jahren unterliegt ein Gewinn aus der Veräußerung des Grundstücks nicht der Besteuerung.

Immobilienfonds, geschlossene

Für geschlossene Immobilienfonds ändert sich durch die Abgeltungsteuer nichts.

Inflationsindexierte Anleihen

Inflationsindexierte Anleihen zählen zu den Finanzinnovationen. Zukünftig erfolgt die Besteuerung der laufenden Zahlungen im Rahmen der Abgeltungsteuer. Auch alle Veräußerungen **nach dem 31.12.2008** unterliegen der vollen Besteuerung des Gewinns zum Abgeltungsteuersatz.

Investmentanteile

Bei der indirekten Anlage über Investmentvermögen hat der Steuerpflichtige wie bisher die laufenden Erträge jährlich zu versteuern - unabhängig davon, ob das Investmentvermögen sie ausschüttet oder nicht, also thesauriert. Veräußerungsgewinne oder -verluste können bei der indirekten Anlage über ein Investmentvermögen auf verschiedenen Ebenen anfallen. Der einzelne Steuerpflichtige kann Gewinne oder Verluste aus der Veräußerung seines Investmentanteils erzielen.

Hierfür gilt die allgemeine Grundregel:

Bei Erwerb des Anteils **vor dem 1.1.2009** unterliegt das Ergebnis von Veräußerung oder ihr gleichgestellter Rückgabe für die Einkommensteuer des Privatanlegers nur dann dem allgemeinen Einkommensteuertarif, wenn die Haltedauer nicht über einem Jahr liegt.

Bei **nach dem 31.12.2008** angeschafften Investmentanteilen unterliegt das Ergebnis aus der Veräußerung oder Rückgabe unabhängig von der Haltedauer der Abgeltungsteuer.

Veräußerungen von Wertpapieren kann aber auch das Investmentvermögen selbst vornehmen:

Thesauriert es dabei erzielte Gewinne, schüttet sie also nicht aus, werden diese Gewinne wie bisher beim Anleger nicht besteuert.

Schüttet ein Investmentvermögen Gewinne aus der Veräußerung von Wertpapieren aus, die es **vor dem 1.1.2009** angeschafft hat, bleibt dieser Teil beim Privatanleger weiter steuerfrei, wenn der Anleger die Anteile **vor dem 1.1.2009** erworben hat. Bei einem Erwerb der Anteile nach dem 31.12.2008 sind diese Gewinne beim Anleger bei der Veräußerung des Fondsanteils abgeltungsteuerpflichtig.

Die Ausschüttung von Gewinnen des Investmentvermögens aus der Veräußerung von **nach dem 31.12.2008** angeschafften Wertpapieren ist auch beim Privatanleger unabhängig davon steuerpflichtig, wann der Investmentanteil angeschafft wurde.

Kapitaleinkünfte (inländische)

Unter die Regelungen der Abgeltungsteuer fallen grundsätzlich alle Einkünfte aus dem Kapitalvermögen, insbesondere Zinserträge aus Geldeinlagen bei Kreditinstituten, Kapitalerträge aus Forderungswertpapieren, Dividenden, Erträge aus Investmentfonds oder Termingeschäften und auch Zertifikatserträge. Weiterhin erfasst die Abgeltungsteuer Gewinne aus privaten Veräußerungsgeschäften, insbesondere bei Wertpapieren, Investmentanteilen und Beteiligungen an Kapitalgesellschaften, nicht jedoch Immobilien.

Kapitaleinkünfte (ausländische)

Ausländische Kapitalerträge unterliegen genauso wie inländische Kapitalerträge der Abgeltungsteuer. Allerdings muss der Steuerpflichtige diese, sofern sie nicht von einem inländischen Kreditinstitut für ihn verwaltet werden, in seiner Einkommensteuererklärung angeben.

Kirchensteuer

Vom Veranlagungszeitraum 2009 an hat der Kirchensteuerpflichtige ein Wahlrecht, wie die Kirchensteuer auf seine Kapitaleinkünfte erhoben werden soll. Er kann die Kirchensteuer entweder als Kirchensteuerabzug einbehalten (Variante 1) oder sie von dem für ihn zuständigen Finanzamt veranlagen lassen (Variante 2).

Variante 1: Einbehalt der Kirchensteuer durch die Bank

Auf schriftlichen Antrag des Kirchensteuerpflichtigen gegenüber seiner Bank wird die Kirchensteuer - wie die Steuer auf Kapitalerträge - im

Abzugsverfahren von der Bank einbehalten und an das zuständige Finanzamt abgeführt. Die so abgeführte Kirchensteuer wird dann an die betreffende Religionsgemeinschaft weitergeleitet. Der Antrag auf Einbehalt der Kirchensteuer durch die Bank kann widerrufen werden.

Variante 2: Festsetzung der Kirchensteuer auf Kapitalerträge über die Steuererklärung

Wenn der Kirchensteuerpflichtige die Kirchensteuer nicht als Steuerabzug von seinem Kreditinstitut einbehalten lässt, setzt das Finanzamt die Höhe der Kirchensteuer fest. Dazu hat der Kirchensteuerpflichtige dem Finanzamt die einbehaltene Kapitalertragsteuer zu erklären und eine entsprechende Bescheinigung der Bank vorzulegen.

Kontenabruf

Mit der Einführung der Abgeltungsteuer wird der Kontenabruf der Finanzbehörden nach § 93 der Abgabenordnung in seiner heutigen Form der Vergangenheit angehören. Die Kontenabrufmöglichkeit besteht ab 2009 - außer in den Fällen, in denen private Kapitalerträge und Veräußerungsgewinne noch nach altem Recht zu besteuern sind - nur noch für die Fälle, in denen ein Bürger

- beantragt, seine Kapitaleinkünfte seinem niedrigeren persönlichen Einkommensteuersatz zu unterwerfen (Veranlagungswahlrecht),
- steuerliche Vergünstigungen (zum Beispiel außergewöhnliche Belastungen) in Anspruch nehmen will,
- Kindergeld beantragt und für die Höhe des Kindergelds die Einkünfte des Kindes von Bedeutung sind,
- festgesetzte Steuern nicht zahlt,
- einem steuerlichen Kontenabruf zustimmt oder
- bestimmte staatliche Leistungen beantragt, für die die Höhe des Einkommens von Bedeutung ist (zum Beispiel BAföG, Wohngeld).

Lebensversicherungen

Die Abgeltungsteuer gilt teilweise auch bei Lebensversicherungen. Unterschieden wird zwischen so genannten Altverträgen, die **bis zum 31.12.2004** abgeschlossen wurden und Neuverträgen, die **nach dem 31.12.2004** abgeschlossen wurden.

Bei **Altverträgen** gilt zeitlich unbeschränkt die an bestimmte Voraussetzungen geknüpfte Steuerbefreiung fort:

- bei einer Mindestvertragsdauer von zwölf Jahren,
- mindestens fünfjähriger laufender Beitragszahlung und
- 60 Prozent Mindesttodesfallschutz.

Bei **Neuverträgen** ist als steuerpflichtiger Ertrag der Unterschied zwischen der Versicherungsleistung und der auf sie entrichteten Beiträge zu ermitteln. Erfolgt die Auszahlung nach Vollendung des 60. Lebensjahres des Steuerpflichtigen und nach Ablauf von zwölf Jahren nach Vertragsabschluss, ist nur die Hälfte des Unterschiedsbetrages anzusetzen.

Allerdings fallen Leistungen aus Neuverträgen, bei denen die Voraussetzungen des hälftigen Unterschiedsbetrags vorliegen, nicht unter den Abgeltungsteuersatz. In diesen Fällen erfolgt eine Veranlagung gemeinsam mit den Einkünften aus anderen Einkunftsarten unter Anwendung des allgemeinen Einkommensteuertarifs.

Bei der Erhebung der Steuer ist zu beachten, dass der Steuerabzug von 25 Prozent auch bei Lebensversicherungen vorgenommen wird, die die Voraussetzung der hälftigen Freistellung erfüllen. Der Steuerpflichtige kann diese Freistellung in seiner Einkommensteuererklärung geltend machen und damit eine Erstattung durch das Finanzamt erreichen.

Marktveränderungen

Zu Marktreaktionen nach Einführung der Abgeltungsteuer lassen sich schwerlich seriöse Vorhersagen treffen. Bei Anlageentscheidungen spielt eine Vielzahl von Kriterien eine Rolle. Dazu gehören neben individueller Risikoneigung insbesondere auch das Zinsniveau oder beispielsweise Wachstumserwartungen. Aus Sicht der privaten Anleger stellt die Einbeziehung aller Kapitalerträge in die Abgeltungsteuer unabhängig von der Anlageform eine Vereinfachung dar. Auch dies kann bei Anlageentscheidungen eine Rolle spielen.

Nichtveranlagungsbescheinigung

Eine Nichtveranlagungsbescheinigung erhält auch künftig auf Antrag jede natürliche Person, die aufgrund geringer Einkünfte voraussichtlich keine Einkommensteuer zahlen muss (etwa Rentner und Studenten). Wer bisher die entsprechenden Anträge gestellt hat oder die Voraussetzungen hierfür erstmals erfüllt, kann dies auch zukünftig tun und somit die Abgeltungsteuer auf Kapitalerträge vermeiden.

Partiarische Darlehen

Bei Begründung der Darlehensbeziehung **nach dem 31.12.2008** erfolgt auf laufende Erträge und auf Veräußerungsgewinne eine Besteuerung zum Abgeltungsteuersatz unabhängig von der Haltedauer.

Für eine Darlehensbeziehung **vor dem 1.1.2009** gilt: Zahlungen über dem Nennwert durch den Darlehensnehmer sind als sonstiger Vorteil steuerpflichtig zum allgemeinen Einkommensteuertarif . Bei Zahlungen durch Dritte besteht eine Steuerpflicht zum allgemeinen Einkommensteuertarif nur bei Veräußerung innerhalb eines Jahres.

Pflichtveranlagung

Nicht bei allen Kapitaleinkünften ist es möglich, dass die Abgeltungsteuer von der Bank, bei der die Kapitalanlagen gehalten werden, direkt einbehalten und an das Finanzamt abgeführt wird. Der Abzug direkt an der

Quelle gilt nicht etwa für Zinsen aus Privatdarlehen, Gewinnen aus der Veräußerung von Geschäftsanteilen an einer GmbH oder Erträgen aus ausländischen thesaurierenden Investmentvermögen. Deshalb hat der Steuerpflichtige diese Kapitaleinkünfte in seiner Einkommensteuererklärung anzugeben.

Privatdarlehen

Zinsen aus einem Privatdarlehen unterliegen dem Abgeltungsteuersatz und müssen vom Steuerpflichtigen in seiner Einkommensteuererklärung angegeben werden, da ein Steuerabzug an der Quelle nicht möglich ist.

Quellenabzugsverfahren

Die Kapitalertragsteuer wird in Zukunft mit abgeltender Wirkung direkt von den Banken, bei denen die Kapitalanlagen gehalten werden, einbehalten und an das Finanzamt abgeführt. Für die Kapitalerträge gilt also ähnlich wie bei der Lohnsteuer ein Quellenabzugsverfahren. Für die meisten Steuerpflichtigen bedeutet dies eine deutliche Entlastung: Die einheitliche Besteuerung der verschiedenen Kapitalanlageformen bietet ein hohes Maß an steuerlicher Transparenz und erleichtert die individuelle Anlageentscheidung. Außerdem braucht man bei der Einkommensteuererklärung die Kapitaleinkünfte nicht mehr extra angeben, sofern keine Sonderfälle geltend gemacht werden.

REIT -Anteile

Gewinne aus der Veräußerung von REIT-Anteilen (Real Estate Investment Trust), die **nach dem 31.12.2008** angeschafft werden, und laufende Erträge unterliegen ab 1. Januar 2009 der Abgeltungsteuer.

Gewinne aus der Veräußerung von REIT-Anteilen, die **vor dem 1.1.2009** erworben wurden, unterliegen innerhalb der bisherigen Jahresfrist oder bei einer Beteiligung von über 1 Prozent unabhängig von der Haltedauer der vollen Besteuerung zum allgemeinen Steuertarif.

Rentenversicherungen

Auf Anlageformen, die ausschließlich der privaten Altersvorsorge dienen, wird keine Abgeltungsteuer erhoben, das heißt: Riester-Fondssparpläne, Rürup -Renten und betriebliche Vorsorgepläne bleiben von der Abgeltungsteuer ausgenommen. Ebenfalls unberührt von der Abgeltungsteuer bleiben private Renten- und Kapitallebensversicherungen, sofern die Verträge vor dem 1.1.2005 abgeschlossen wurden und die Haltedauer mindestens 12 Jahre beträgt.

Riester-Fondssparplan

Auf Anlageformen, die ausschließlich der privaten Altersvorsorge dienen, wird keine Abgeltungsteuer erhoben, das heißt: Riester-Fondssparpläne, Rürup-Renten und betriebliche Vorsorgepläne bleiben von der Abgeltungsteuer ausgenommen. Ebenfalls unberührt von der Abgeltungsteuer bleiben private Renten- und Kapitallebensversicherungen, sofern die Verträge **vor dem 1.1.2005** abgeschlossen wurden und die Haltedauer mindestens 12 Jahre beträgt.

Rürup-Rente

Auf Anlageformen, die ausschließlich der privaten Altersvorsorge dienen, wird keine Abgeltungsteuer erhoben, das heißt: Riester-Fondssparpläne, Rürup-Renten und betriebliche Vorsorgepläne bleiben von der Abgeltungsteuer ausgenommen. Ebenfalls unberührt von der Abgeltungsteuer bleiben private Renten- und Kapitallebensversicherungen, sofern die Verträge vor dem 1.1.2005 abgeschlossen wurden und die Haltedauer mindestens 12 Jahre beträgt.

Sparer-Pauschbetrag

Der Sparer-Freibetrag und der Werbungskosten-Pauschbetrag werden zum Sparer-Pauschbetrag zusammengefasst. Der Sparer-Pauschbetrag beträgt 801 Euro für Ledige bzw. 1.602 Euro für Verheiratete. Die Abgeltungsteuer fällt nur dann an, wenn der Sparer-Pauschbetrag ausgeschöpft ist. Steuerpflichtige stellen wie bisher einen Freistellungsauftrag bei ihrem Kreditinstitut.

Sparpläne (ohne Riester)

Bei Erwerb zum Beispiel von Investmentanteilen **nach dem 31.12.2008** unterliegen die laufenden Erträge ebenso wie die Veräußerungsgewinne dem Abgeltungsteuersatz.

Bei Erwerb einzelner Wirtschaftsgüter wie zum Beispiel Investmentanteilen **vor dem 1.1.2009** werden die laufenden Erträge bei Gutschrift und bei Fondssparplänen auch bei Thesaurierung mit dem allgemeinen Einkommensteuertarif besteuert. Die Besteuerung von Veräußerungsgewinnen erfolgt zum allgemeinen Einkommensteuertarif nur bei Veräußerung innerhalb eines Jahres.

Steuersatz

Die Abgeltungsteuer in Höhe von pauschal 25 Prozent zuzüglich Solidaritätszuschlag und gegebenenfalls Kirchensteuer wird unabhängig vom allgemeinen Einkommensteuertarif des Steuerpflichtigen erhoben und von der Bank, bei der die Kapitalanlagen gehalten werden, an das Finanzamt abgeführt. Insbesondere Steuerpflichtige mit niedrigem Einkommen können in der Einkommensteuererklärung beim Finanzamt die Besteuerung der Kapitaleinkünfte mit dem allgemeinen Einkommensteuertarif beantragen (Veranlagungswahlrecht). Das Finanzamt wendet dann bei seiner Prüfung die jeweils günstigere Lösung an (Günstigerprüfung). Das „zu viel" gezahlte Geld wird dem Steuerpflichtigen vom Finanzamt erstattet.

Termingeschäfte

Entscheidendes Kriterium ist der bloße Differenzausgleich anstelle der realen Lieferung der Wirtschaftsgüter.

Bei Vertragsschluss **nach dem 31.12.2008** erfolgt die Besteuerung zum Abgeltungsteuersatz unabhängig von Fristen.

Bei Vertragsabschluss **vor dem 1.1.2009** erfolgt die Besteuerung mit persönlichem Steuersatz bei Differenzausgleich innerhalb eines Jahres.

Transparenz

Die einheitliche Besteuerung der verschiedenen Kapitalanlageformen von pauschal 25 Prozent bietet ein hohes Maß an steuerlicher Transparenz und erleichtert Steuerpflichtigen die individuelle Anlageentscheidung: Da bei der Wahl einer Spar- oder Finanzstrategie nicht der steuerliche Aspekt, sondern die individuelle Lebensplanung im Vordergrund steht, können Sparer mehr darauf achten, welche Anlageform ihrem Bedarf in punkto Risikobereitschaft und Liquidität am meisten gerecht wird.

Typisch stille Gesellschaften

Wurde die Gesellschaft **nach dem 31.12.2008** gegründet, unterliegen laufende Erträge ebenso wie Zahlungen über dem Nennwert - Auseinandersetzungsguthaben - durch den Kaufmann dem Abgeltungsteuersatz. Bei Zahlungen durch Dritte erfolgt eine Besteuerung unabhängig von der Haltedauer zum Abgeltungsteuersatz.

Bei Gesellschaftsgründung **vor dem 1.1.2009** unterliegen lediglich laufende Erträge der Abgeltungsteuer . Die Zahlung eines Auseinandersetzungsguthabens ist nicht steuerpflichtig.

Übergangsregelungen

Es besteht ein grundsätzlicher Bestandsschutz für Aktien, Investmentfondsanteile und festverzinsliche Wertpapiere, das heißt:

Gewinne aus der Veräußerung von Kapitalanlagen, die **vor dem 1.1.2009** erworben wurden, bleiben auch in Zukunft steuerfrei, sofern die einjährige Behaltefrist eingehalten wurde.

Für Wertpapiere, die **ab dem 1.1.2009** erworben werden, fällt Abgeltungsteuer an – unabhängig von der Haltedauer.

Die vorgenannten Regelungen gelten auch für Investmentanteile, die im Rahmen von Fondssparplänen erworben wurden.

Für Risiko-Zertifikate (gemeint sind Zertifikate, bei denen weder die Rückzahlung des Kapitals noch ein Ertrag garantiert wird) gelten Sonderregelungen:

Wurden die Papiere **vor dem 15.3.2007** erworben, bleiben die Veräußerungsgewinne nach Ablauf der einjährigen Behaltefrist unbegrenzt steuerfrei.

Risiko-Zertifikate, die **ab dem 15.3.2007** erworben wurden, können nach Ablauf der einjährigen Behaltefrist noch steuerfrei veräußert werden, sofern der Veräußerungserlös dem Steuerpflichtigen noch vor dem 1. Juli 2009 zufließt.

Umschichtungen

Zum Teil wird Steuerpflichtigen empfohlen, die Übergangsregelungen auszunutzen, Vermögen umzuschichten und bestimmte Kapitalanlagen noch im Jahre 2008 zu erwerben, um die Abgeltungsteuer zu umgehen. Doch ist bei der Wahl einer Spar- oder Finanzstrategie nicht der steuerliche Aspekt, sondern die individuelle Lebensplanung entscheidend. Sparer sollten also vor allem darauf achten, wie lang sie sich an eine Anlageform binden und welche Risiken sie eingehen wollen.

Außerdem sollte jeder abwägen, ob die eventuellen zusätzlichen Kosten der neuen Kapitalanlage durch die steuerlichen Vorteile ausgeglichen werden. Umschichtungen sind meist mit Spesen oder sonstigen Kosten, wie z.B. Ausgabeaufschlägen bei neu erworbenen Investmentanteilen verbunden. So ist beispielsweise eine Umschichtung in Dachfondsanteile mit Kosten sowohl auf der Ebene des Dachfonds als auch der Zielfonds verbunden.

Veranlagungswahlrecht

Für die Abgeltungsteuer gilt das so genannte Veranlagungswahlrecht: Wer meint, dass dies zu einer niedrigeren Steuerbelastung führt, kann eine Einbeziehung seiner Kapitaleinkünfte in den allgemeinen progressiven Einkommensteuertarif beantragen. Die Höhe des allgemeinen Einkommensteuertarifes ist dabei nicht entscheidend, maßgebend ist allein, wie hoch die Steuerbelastung bei einer Einbeziehung der Kapitaleinkünfte im Vergleich zu einer Besteuerung mit dem Abgeltungsteuersatz ist. Das Finanzamt prüft beide Alternativen und wendet die für den Steuerpflichtigen günstigere Variante an (sog. Günstigerprüfung).

Für die weit überwiegende Zahl der Steuerpflichtigen dürfte sich die Ausübung des Veranlagungswahlrechts kaum lohnen, denn bereits ab einem zu versteuernden Einkommen von ca. 15.000 Euro wird ein (Grenz-

)Steuersatz von 25 % erreicht. Vereinfachtes Beispiel gerechnet ohne Solidaritätszuschlag und Kirchensteuer :

Eine steuerpflichtige Person erzielt (nach Abzug des Sparer-Pauschbetrags) 5.000 Euro Kapitalerträge und 15.000 Euro Einkünfte aus den übrigen Einkunftsarten . Würde eine Veranlagung mit einem zu versteuernden Einkommen (zvE) von 20.000 Euro durchgeführt, wären bei Anwendung des derzeit geltenden allgemeinen Einkommensteuertarifs 2.850 Euro Einkommensteuer zu zahlen; bei Anwendung des Tarifs auf 15.000 Euro zvE fallen 1.542 Euro Steuer in der Veranlagung und 1.250 Euro Abgeltungsteuer, also zusammen 2.792 Euro, an. Die Abgeltungsteuer führt zu 58 Euro weniger Einkommensteuer.

Allerdings kann die Ausübung des Veranlagungswahlrechts im Einzelfall auch bei sehr hohen Kapitaleinkünften vorteilhaft sein. Vereinfachtes Beispiel:

Die steuerpflichtige Person B erzielt 1 Mio. Euro Kapitaleinkünfte und wendet 750.000 Euro einer Stiftung zu. An Abgeltungsteuer fallen 250.000 Euro an. Bei einer Einbeziehung in den allgemeinen Einkommensteuertarif kann die Zuwendung an die Stiftung als Sonderausgabe abgezogen werden, so dass ein zu versteuerndes Einkommen von 250.000 Euro verbleibt, auf das nach dem allgemeinen Einkommensteuertarif 97.086 Euro Steuer zu entrichten sind, das heißt durch das Veranlagungswahlrecht kann B eine Rückerstattung von 152.914 Euro Abgeltungsteuer erreichen.

Wer unsicher ist, ob in seinem Fall die Einbeziehung der Kapitaleinkünfte in den allgemeinen Einkommensteuertarif vorteilhaft ist, kann „gefahrlos" das Veranlagungswahlrecht ausüben, denn das Finanzamt wendet in jedem Fall die für den Steuerpflichtigen günstigere Lösung an.

Veräußerungsfrist

Künftig spielt die Haltedauer bei Wertpapieren für die Besteuerung von Veräußerungsgewinnen keine Rolle mehr – die einjährige Veräußerungsfrist entfällt.

Aber: Es besteht ein grundsätzlicher Bestandsschutz für Aktien, Fonds und festverzinsliche Wertpapiere, die vor dem 1.1.2009 erworben wurden.

Vereinfachung

Die Abgeltungsteuer bringt für Steuerpflichtige viele Vereinfachungen mit sich:

Die einheitliche Behandlung der unterschiedlichen Kapitalanlageformen bietet ein Höchstmaß an steuerlicher Transparenz. Steuerliche Überlegungen überlagern nicht mehr die Anlagestrategie.

Die meisten Steuerpflichtigen müssen sich nicht mehr um die steuerlichen Aspekte ihrer Kapitalanlagen kümmern, sofern sie eine Konto- oder Depotverbindung bei einem inländischem Kreditinstitut unterhalten und auch keine steuerlichen Vergünstigungen, bei denen die Höhe der Kapitaleinkünfte maßgebend ist (zum Beispiel Spenden, außergewöhnliche Belastungen), geltend machen möchten.

Die Erklärungsvordrucke werden für die Steuerpflichtigen einfacher und verständlicher gestaltet.

Verluste

Künftig werden Gewinne aus der Veräußerung von Wertpapieren mit Verlusten verrechnet. Verluste aus Aktiengeschäften können allerdings nur mit Gewinnen aus Aktienverkäufen verrechnet werden.

Wahlveranlagung

Für die Abgeltungsteuer gilt das so genannte Veranlagungswahlrecht: Auf Antrag werden die Kapitaleinkünfte in den allgemeinen Einkommensteuertarif einbezogen, also ein Besteuerungsverfahren wie bisher durchgeführt, wenn dies zu einer niedrigeren Steuer führt. „Zu viel" gezahlte Abgeltungsteuer wird in diesen Fällen vom Finanzamt erstattet.

Wandelanleihen

Laufende Erträge sind steuerpflichtig, bei Zufluss nach dem 31.12.2008 mit dem Abgeltungssatz.

Bei Erwerb **nach dem 31.12.2008** unterliegen Veräußerungsgewinne dem Abgeltungsteuersatz.

Veräußerungsergebnisse aus Wandelanleihen, die **vor dem 1.1.2009** erworben wurden, unterliegen dem allgemeinen Einkommensteuertarif nur bei Veräußerung innerhalb eines Jahres. Regeln über Finanzinnovationen gelten nicht.

Werbungskosten

Die tatsächlichen Kosten für Depotgebühren oder Spesen und so weiter, die etwa beim An- und Verkauf von Aktien und Investmentanteilen anfallen, können nicht mehr geltend gemacht werden, sondern sind über die pauschalierten Werbungskosten abgedeckt.

Über den Sparer-Pauschbetrag in Höhe von 801 Euro für Ledige bzw. 1.602 Euro für Verheiratete sind Werbungskosten bereits berücksichtigt. Die Mehrzahl der Steuerpflichtigen hat geringere Werbungskosten als 800 Euro. Lediglich bei Steuerpflichtigen mit hohem Einkommen fällt im Durchschnitt ein höherer Werbungskostenbetrag an. Diese profitieren aber bereits von dem proportionalen Abgeltungsteuersatz von 25 Prozent.

Zertifikate (ohne Garantie-Zertifikate)

Die Anwendungsregelung bei Risiko-Zertifikaten ist nicht völlig synchron mit derjenigen bei anderen Kapitalanlageformen. So können Zertifikate ab dem 1.7.2009 nach Ablauf der einjährigen Behaltefrist nur steuerfrei veräußert werden, wenn sie **vor dem 15.3.2007** erworben wurden.

Bei Erwerb von Risiko-Zertifikaten **nach dem 31.12.2008** erfolgt die Besteuerung des Gewinns immer zum Abgeltungsteuersatz.

Zerobonds

Zerobonds zählen zu den Finanzinnovationen. Zukünftig erfolgt die Besteuerung der laufenden Zahlungen im Rahmen der Abgeltungsteuer. Auch alle Veräußerungen **nach dem 31.12.2008** unterliegen der vollen Besteuerung des Gewinns zum Abgeltungsteuersatz.

Zinseinkünfte

Zinseinkünfte, etwa aus Festgeldanlagen, unterliegen nach Abzug des Sparer-Pauschbetrags in Höhe von 801 Euro für Ledige bzw. 1.602 Euro für Verheiratete künftig der Abgeltungsteuer.

Teil 2:

Änderungen zwischen altem und neuem Recht

Auswirkungen

Besteuerung bei den verschiedenen Möglichkeiten zur Vermögens-, vornehmlich Kapitalanlage nach dem Einkommensteuerrecht bis 2008 und ab 2009 unter Berücksichtigung der Abgeltungsteuer

Bei den Steuerfolgen für die verschiedenen Anlagemöglichkeiten ergeben sich durch die Abgeltungsteuer ab 2009 zum Teil merkliche Abweichungen zum heutigen Recht. Für die wichtigsten Formen der Vermögensanlage sind diese in der folgenden Übersicht zusammengestellt.

- Konzept der Abgeltungsteuer
- Aktien/GmbH-Anteile
- REIT-Anteile
- Investmentanteile
- Aktienähnliche Genussrechte
- Obligationsähnliche Genussrechte
- Typisch stille Gesellschaften
- Partiarische Darlehen
- Gewinnobligationen/Wandelanleihen
- Finanzinnovationen
- Festzinsanleihen
- Zertifikate (ohne Garantiezertifikate)
- Termingeschäfte
- Sparpläne (ohne Riesterverträge)
- Kapitallebensversicherungen
- Private Rentenversicherungen
- Riester-Verträge
- Basisversorgung (Rürup)
- Vermietete Immobilien
- Eigengenutzte Immobilien
- Gewerbliche geschlossene Fonds
- Geschlossene Immobilienfonds
- Geschlossene Fonds mit Kapitalanlagen
- Kirchensteuer auf abgegoltene Kapitalerträge

1. Konzept der Abgeltungsteuer:

Die Abgeltungsteuer unterwirft sowohl die laufenden Erträge als auch die Ergebnisse aus der Veräußerung oder Einlösung einer Kapitalanlage einheitlich einem proportionalen Steuersatz in Höhe von 25%. Es spielt in Zukunft regelmäßig keine Rolle mehr, ob

Gewinne einer Kapitalgesellschaft an die Anteilseigner ausgeschüttet oder thesauriert werden und der Anteilseigner seine Rendite aus dem (Teil-)Verkauf seiner Anteile erzielt oder

im Zusammenhang mit einer Kapitalüberlassung laufende Entgeltszahlungen oder nur Zahlungen bei der Einlösung einer Kapitalforderung zu leisten sind.

Diese Gleichbehandlung gilt grundsätzlich auch für Verluste. Allerdings können Verluste aus der Veräußerung von nach dem 31.12.2008 angeschafften Aktien nur mit ebensolchen Gewinnen verrechnet werden. Der Gesetzgeber zieht damit Folgerungen aus seinen Erfahrungen mit Aktienverlusten im Rahmen der privaten Veräußerungsgeschäfte nach geltendem Recht.

Um einer Anlage des Kapitals außerhalb Deutschlands entgegen zu wirken, soll die Besteuerung möglichst anonym erfolgen. In weitem Umfang erfolgt daher die Besteuerung durch einen abgeltenden Quellensteuerabzug seitens der inländischen Schuldner der Kapitalerträge und namentlich die die Kapitalanlagen verwaltenden oder verwahrenden inländischen Kredit- oder Finanzdienstleistungsinstitute. Soweit ein solcher Steuerabzug nicht stattgefunden hat, muss der Steuerpflichtige die Einkünfte aus Kapitalvermögen erklären und das Finanzamt setzt die Einkommensteuer fest. Auch insoweit gilt der Abgeltungssatz von 25%. Ebenso kann der Steuerpflichtige Kapitalerträge zum Zwecke der zutreffenden Anwendung der Abgeltungsteuer erklären, wenn im Rahmen des Quellensteuerabzugs etwa ausgleichbare Verluste oder anrechenbare ausländische Steuer nicht hinreichend berücksichtigt wurden.

Die Abgeltungsteuer behandelt alle Zuflüsse beim steuerpflichtigen Privatanleger gleich. Sie berücksichtigt nicht, inwieweit diese Zuflüsse steuerlich vorbelastet sind, etwa weil sie aus schon auf der Ebene des Schuldners der Kapitalerträge besteuerten Gewinnen stammen.

Zur „Finanzierungsneutralität" trägt die Abgeltungsteuer nicht bei. Ihr dienen eher andere Teile der Unternehmensteuerreform wie die Zinsschranke oder die Ausweitung der gewerbesteuerlichen Hinzurechnungen für Zinsaufwendungen oder Finanzierungsanteile in anderen Aufwendungen.

Ebenso geht die Abgeltungsteuer davon aus, dass vorhandenes Kapital angelegt wird. Sie setzt bei den laufenden Erträgen die Bruttoeinnahmen an und berücksichtigt Verwaltungs- und Beratungskosten nur in pauschalierter Form über den einheitlichen Sparer-Pauschbetrag von 801 Euro/1.602 Euro bei Ehegatten, die die Voraussetzungen für die Zusammenveranlagung erfüllen. Werbungskosten werden nicht berücksichtigt. Dies gilt namentlich für Schuldzinsen aus Fremdfinanzierung der Kapitalanlage.

Soweit es im Einzelfall für ihn günstiger ist, kann der Steuerpflichtige beantragen, dass die Einkünfte aus Kapitalvermögen in die Besteuerung mit dem individuellen Steuersatz einbezogen werden. Aber auch dann werden die Einkünfte aus Kapitalvermögen so ermittelt wie im Rahmen der Abgeltungsteuer, also ohne Berücksichtigung etwaiger Vorbelastungen oder Werbungskosten.

Der Gesetzgeber hat mit dem neuen System der Besteuerung der Einkünfte aus Kapitalvermögen eine besonders ausgestaltete Schedule neben den Gewinn- und den Überschusseinkünften im Rahmen der synthetischen Einkommensteuer geschaffen. Mit der allgemeinen Besteuerung von Veräußerungsgewinnen wird auf die Entwicklungen auf Kapitalmarkten reagiert, die zunehmend Modelle mit der Austauschbarkeit von laufenden Erträgen und Veräußerungs- oder Einlösungsergebnissen hervorbringt. Für Zwecke der Besteuerung wird von der Anlage vorhandenen Kapitals als Grundtyp der Einkünfte aus Kapitalvermögen durch den privaten Anleger ausgegangen. Für Bemühungen, das Ergebnis durch Fremdfinanzierung zu „hebeln" steht zukünftig nur noch die Einkunftsart „Gewerbebetrieb" zur Verfügung.

Für einige Sonderkonstellationen erscheinen die Regeln der Abgeltungsteuer nicht angemessen. § 32d Abs. 2 EStG sieht daher vor, dass die dort abschließend aufgeführten Einkünfte aus Kapitalvermögen abweichend behandelt werden. Dabei werden angemessen sowohl Vorteile der Abgeltungsteuer versagt als auch restriktive Auswirkungen vermieden.

2. Aktien/GmbH-Anteile:

Laufende Erträge
Geltendes Recht: Halbeinkünfteverfahren
Zukünftig: Abgeltungsteuer.

Veräußerungsergebnisse
Geltendes Recht: Bei Beteiligung über 1% Besteuerung des Gewinns unabhängig von der Haltedauer mit dem Halbeinkünfteverfahren, ansonsten nur bei Verkauf bei einem Halten von unter einem Jahr. Verluste können nur mit Gewinnen aus der Veräußerung von Aktien verrechnet werden.
Zukünftig: Bei Erwerb nach dem 31.12.2008 immer Besteuerung des Gewinns, bei Beteiligung über 1% Teileinkünfteverfahren (40% steuerfrei). Verluste können nur mit Gewinnen aus der Veräußerung von Aktien verrechnet werden.

Auswirkungen

Bei isolierter Betrachtung der Besteuerung des Anteilseigners steigt die Belastung der Dividenden. 25% ist höher als 45% (ESt mit Reichensteuersatz) auf die halbe Bemessungsgrundlage. Die Gesamtbelastung auf Ebene der Körperschaft und des Anteilseigners erhöht sich für deutsche Anteile auf die Einnahmen bezogen nicht. Bei ausländischen Anteilen wirkt sich allerdings die stärkere Belastung des Anteilseigners aus. Spürbare Änderungen ergeben sich durch den Sparer-Pauschbetrag von 801 Euro/1.602 Euro, der sämtliche Werbungskosten abgilt.

Die Besteuerung der Veräußerungsgewinne unabhängig von der Haltedauer stellt bei isolierter Betrachtung eine Verschärfung dar. Allerdings können in Zukunft auch Veräußerungsverluste unabhängig von der Haltedauer geltend gemacht werden. Die Entscheidung, wann Veräußerungen erfolgen, ist nicht mehr von steuerlichen Überlegungen (Halten über die Jahresfrist bei positiver Entwicklung, Verlustrealisierung vor Ablauf der Jahresfrist) abhängig. Für das steuerliche Gesamtergebnis spielt beim Kleinanleger auch die Dividendenpolitik der Körperschaft keine Rolle mehr.

Die Berücksichtigung von Altverlusten aus Aktienverkäufen wird gegenüber dem geltenden Recht eingeschränkt. Eine Verrechnung mit Veräußerungsgewinnen aus Kapitalanlagen ist nur fünf Jahre lang möglich. Darüber hinaus können solche Verluste nur noch mit Gewinnen aus anderen privaten Veräußerungsgeschäften wie z.B. Grundstücken, dies allerdings zeitlich unbegrenzt, verrechnet werden.

3. REIT -Anteile

Laufende Erträge

Geltendes Recht: volle Besteuerung ohne Halbeinkünfteverfahren
Zukünftig: Abgeltungsteuer.

Veräußerungsergebnisse

Geltendes Recht: Bei Beteiligung über 1% Besteuerung des Gewinns unabhängig von der Haltedauer ohne Halbeinkünfteverfahren, ansonsten nur bei Verkauf bei einem Halten von unter einem Jahr.

Zukünftig: Bei Erwerb nach dem 31.12.2008 immer volle Besteuerung des Gewinns angestrebt, REITG muss noch angepasst werden.

Auswirkungen

Die indirekte Immobilienanlage über REITs oder Investmentvermögen profitiert eindeutig von der Abgeltungsteuer. Auf der Ebene des Investitionsvehikels findet keine deutsche Ertragbesteuerung statt, beim Anleger gilt der Abgeltungsteuersatz. Die Gesamtbelastung ist beim unbeschränkt steuerpflichtigen Anleger wegen der fehlenden Vorbelastung geringer als beim Anteilseigner einer normalen Kapitalgesellschaft. Beim Vergleich mit dem Direktinvestor hängt das Ergebnis vom Umfang der Fremdfinanzierung dieses Investments ab.

Bei betrieblichen Anlegern und Körperschaften sind § 3 Nr. 40 EStG und § 8b KStG auch in Zukunft nicht anwendbar. Hierdurch wird für diese Anlegergruppen der Vorteil deutlich reduziert.

4. Investmentanteile

Laufende Erträge

Geltendes Recht: Besteuerung der ausgeschütteten und thesaurierten laufenden Erträge zu persönlichem Steuersatz, für Dividendenanteil mit Halbeinkünfteverfahren. Vom Investmentvermögen erzielte Veräußerungsgewinne sind regelmäßig nicht steuerpflichtig.

Zukünftig: Ausgeschüttete und thesaurierte laufende Erträge unterliegen der Abgeltungsteuer ohne Teileinkünfteverfahren. Dies gilt auch für ausgeschüttete Gewinne aus der Veräußerung von nach dem 31.12.2008 vom Investmentvermögen angeschafften Wertpapieren. Steuerbefreiung von thesaurierten Veräußerungsgewinnen bleibt unverändert.

Veräußerungsergebnisse

Geltendes Recht: Gewinn aus der Veräußerung nur innerhalb der

Jahresfrist, dann aber voll steuerpflichtig, allerdings Kürzung um bereits versteuerte thesaurierte Erträge.

Zukünftig: Bei Erwerb von Investmentanteilen nach dem 31.12.2008 unabhängig von der Haltedauer Besteuerung mit Abgeltungsteuersatz.

Auswirkungen

Die Investmentanlage bietet auch weiterhin gewisse Vorteile gegenüber der Direkt-Anlage. Dies gilt namentlich für die Nichtbesteuerung thesaurierter Veräußerungsgewinne. Übergangsweise wird auch ein weiteres Fondsprivileg (Steuerfreiheit für Gewinne aus der Veräußerung von Wertpapieren beim Privatanleger) fortgeführt. Die Einbeziehung der Zertifikate in die allgemeine Veräußerungsgewinnbesteuerung verbessert die Konkurrenzsituation der Investmentbranche. Die zeitnahe Besteuerung der thesaurierten laufenden Erträge ist zwar ein Liquiditätsnachteil gegenüber Vergleichsprodukten (Zertifikate oder fondsgebundene Lebensversicherung), aber der Preis für das eingeschränkte Transparenzprinzip.

Die indirekte Immobilieninvestition über ein Investmentvermögen kann deutlich günstiger sein als die Direktanlage. Im Einzelnen hängt dies vom Umfang der Fremdfinanzierung ab. Für die indirekte Investition über Immobilien-Sondervermögen existieren Höchstgrenzen für die Fremdfinanzierung im Investmentgesetz.

5. Aktienähnliche Genussrechte

Laufende Erträge

Geltendes Recht: Halbeinkünfteverfahren

Zukünftig: Abgeltungsteuer.

Veräußerungsergebnisse

Geltendes Recht: Bei Beteiligung von 1% und mehr Besteuerung des Gewinns unabhängig von der Haltedauer mit Halbeinkünfteverfahren, ansonsten nur bei Verkauf bei einem Halten von unter einem Jahr.

Zukünftig: Bei Erwerb nach dem 31.12.2008 immer Besteuerung des Gewinns, bei Beteiligung von 1% und mehr Teileinkünfteverfahren (40%

steuerfrei), ansonsten Abgeltungsteuer.

Auswirkungen

Bei isolierter Betrachtung der Besteuerung des Genussrechtsinhabers steigt die Belastung der Erträge. 25% ist höher als 45% (ESt mit Reichensteuersatz) auf die halbe Bemessungsgrundlage. Die Gesamtbelastung auf Ebene der Körperschaft und des Genussrechtsrechtsinhabers erhöht sich für Genussrechte an deutschen Kapitalgesellschaften nicht. Bei Genussrechten an ausländischen Kapitalgesellschaften wirkt sich allerdings die stärkere Belastung des Genussrechtsinhabers aus. Spürbare Änderungen ergeben sich durch den Sparer-Pauschbetrag von 801 Euro/1.602 Euro, der sämtliche Werbungskosten abgilt.

Die Besteuerung der Veräußerungsgewinne unabhängig von der Haltedauer stellt bei isolierter Betrachtung eine Verschärfung dar. Allerdings können in Zukunft auch Veräußerungsverluste unabhängig von der Haltedauer geltend gemacht werden. Die Entscheidung, wann Veräußerungen erfolgen, ist nicht mehr von steuerlichen Überlegungen (Halten über die Jahresfrist bei positiver Entwicklung, Verlustrealisierung vor Ablauf der Jahresfrist) abhängig. Für das steuerliche Gesamtergebnis spielt auch die Ausschüttungspolitik der Kapitalgesellschaft keine Rolle mehr.

Die Berücksichtigung von Altverlusten aus Verkäufen wird gegenüber dem geltenden Recht eingeschränkt. Es ist nur noch fünf Jahre lang eine Verrechnung mit Veräußerungsgewinnen aus Kapitalanlagen möglich. Mit Gewinnen aus anderen privaten Veräußerungsgeschäften wie z. B. Grundstücken können die Verluste zeitlich unbegrenzt verrechnet werden. Für Verluste aus nach dem 31.12.2008 erworbenen Genussrechten gilt nicht die Einschränkung auf die Verrechnung nur mit Gewinnen aus entsprechenden Rechten wie bei Aktien.

6. Obligationsähnliche Genussrechte

Laufende Erträge
Geltendes Recht: Besteuerung mit persönlichem Steuersatz.
Zukünftig: Abgeltungsteuer.

Veräußerungsergebnisse
Geltendes Recht: Besteuerung des Gewinns zum persönlichen Steuersatz
nur bei Veräußerung innerhalb eines Jahres. Regeln über
Finanzinnovationen ausdrücklich ausgeschlossen.
Zukünftig: Bei Erwerb nach dem 31.12.2008 immer Besteuerung des
Gewinns zum Abgeltungsteuersatz.

Auswirkungen
Bei hohem persönlichem Steuersatz wirkt sich die Neuregelung bei den
laufenden Erträgen günstig aus. Grundsätzlich sind die laufenden Erträge
beim Schuldner als Betriebsausgaben abzugsfähig. Ein teilweises Mehr an
Finanzierungsneutralität kann sich aus der Zinsschranke und den
Hinzurechnungen bei der Gewerbesteuer ergeben.
Die zeitlich unbegrenzte Besteuerung von Veräußerungsgewinnen für nach
dem 31.12.2008 erworbene Rechte ist eine Verschärfung im Vergleich zum
geltenden Recht. Im Vergleich zu den Finanzinnovationen, bei denen
unabhängig vom Anschaffungszeitpunkt die Steuerpflicht nach dem neuen
§ 20 Abs. 2 EStG eingreift, ergeben sich für dies Art der Kapitalanlage
Vorteile. Diese sind allerdings mit Vertrauensschutzüberlegungen
angesichts der Unterschiede im geltenden Recht zu rechtfertigen.

7. Typisch stille Gesellschaften

Laufende Erträge
Geltendes Recht: Nach geltendem Recht Besteuerung mit persönlichem
Steuersatz.
Zukünftig: Abgeltungsteuer.

„Veräußerungsergebnisse"
Geltendes Recht: Bei Zahlungen über Nennwert durch den Kaufmann als sonstiger Vorteil steuerpflichtig mit dem persönlichen Steuersatz. Dies gilt auch bei Zahlungen durch Dritte bei Veräußerung innerhalb eines Jahres.
Zukünftig: Wurde die Gesellschaft nach dem 31.12.2008 gegründet unterliegen Zahlungen über dem Nennwert durch den Kaufmann dem Abgeltungsteuersatz. Bei Zahlungen durch Dritte erfolgt eine Besteuerung unabhängig von der Haltedauer zum Abgeltungsteuersatz.

Auswirkungen
Bei hohem persönlichem Steuersatz wirkt sich die Neuregelung günstig aus. Grundsätzlich sind die laufenden Erträge beim Schuldner als Betriebsausgaben abzugsfähig. Ein teilweises Mehr an Finanzierungsneutralität kann sich aus der Zinsschranke und den Hinzurechnungen bei der Gewerbesteuer ergeben.
Die zeitlich unbegrenzte Besteuerung von Veräußerungsgewinnen für nach dem 31.12.2008 erworbene Rechte ist eine Verschärfung im Vergleich zum geltenden Recht. Im Vergleich zu den Finanzinnovationen, bei denen unabhängig vom Anschaffungszeitpunkt die Steuerpflicht nach dem neuen § 20 Abs. 2 EStG eingreift, ergeben sich für dies Art der Kapitalanlage Vorteile. Diese sind allerdings mit Vertrauensschutzüberlegungen angesichts der Unterschiede im geltenden Recht zu rechtfertigen.

8. Partiarische Darlehen

Laufende Erträge
Geltendes Recht: Besteuerung mit persönlichem Steuersatz.
Zukünftig: Abgeltungsteuer.

Veräußerungsergebnisse
Geltendes Recht: Bei Zahlungen über Nennwert durch den Darlehensnehmer als sonstiger Vorteil steuerpflichtig zum persönlichen Steuersatz: Bei Zahlungen durch Dritte besteht eine Steuerpflicht - zum persönlichen Steuersatz - nur bei Veräußerung innerhalb eines Jahres.
Zukünftig: Bei Begründung der Darlehensbeziehung nach dem 31.12.2008

erfolgt in beiden Fällen eine Besteuerung zum Abgeltungsteuersatz unabhängig von der Haltedauer.

Auswirkungen
Bei hohem persönlichem Steuersatz wirkt sich die Neuregelung günstig aus. Grundsätzlich sind die laufenden Erträge beim Schuldner als Betriebsausgaben abzugsfähig. Ein teilweises Mehr an Finanzierungsneutralität kann sich aus der Zinsschranke und den Hinzurechnungen bei der Gewerbesteuer ergeben.
Die zeitlich unbegrenzte Besteuerung von Veräußerungsgewinnen für nach dem 31.12.2008 erworbene Rechte ist eine Verschärfung im Vergleich zum geltenden Recht. Im Vergleich zu den Finanzinnovationen, bei denen unabhängig vom Anschaffungszeitpunkt die Steuerpflicht nach dem neuen § 20 Abs. 2 EStG eingreift, ergeben sich für dies Art der Kapitalanlage Vorteile. Diese sind allerdings mit Vertrauensschutzüberlegungen angesichts der Unterschiede im geltenden Recht zu rechtfertigen.

9. Gewinnobligationen/Wandelanleihen

Laufende Erträge
Geltendes Recht: Besteuerung mit persönlichem Steuersatz.
Zukünftig: Abgeltungsteuer.

Veräußerungsergebnisse
Geltendes Recht: Besteuerung des Gewinns zum persönlichen Steuersatz nur bei Veräußerung innerhalb eines Jahres. Regeln über Finanzinnovationen gelten nicht.
Zukünftig: Bei Erwerb nach dem 31.12.2008 immer Besteuerung des Gewinns zum Abgeltungsteuersatz.

Auswirkungen
Bei hohem persönlichem Steuersatz wirkt sich die Neuregelung günstig aus. Grundsätzlich sind die laufenden Erträge beim Schuldner als Betriebsausgaben abzugsfähig. Ein teilweises Mehr an Finanzierungsneutralität kann sich aus der Zinsschranke und den

Hinzurechnungen bei der Gewerbesteuer ergeben.

Die zeitlich unbegrenzte Besteuerung von Veräußerungsgewinnen für nach dem 31.12.2008 erworbene Rechte ist eine Verschärfung im Vergleich zum geltenden Recht. Im Vergleich zu den Finanzinnovationen, bei denen unabhängig vom Anschaffungszeitpunkt die Steuerpflicht nach dem neuen § 20 Abs. 2 EStG eingreift, ergeben sich für dies Art der Kapitalanlage Vorteile. Diese sind allerdings mit Vertrauensschutzüberlegungen angesichts der Unterschiede im geltenden Recht zu rechtfertigen.

10. Finanzinnovationen

Anwendungsfälle: Zerobonds, Gleitzinsanleihen, inflationsindexierte Anleihen, Garantiezertifikate.

Laufende Erträge
Geltendes Recht: Besteuerung mit persönlichem Steuersatz; erfasst wird auch die Marktrendite in Veräußerungsfällen mit noch nicht voll absehbarer Einschränkung durch die neuere BFH-Rechtsprechung.
Zukünftig: Besteuerung der laufenden Zahlungen im Rahmen der Abgeltungsteuer.

Veräußerungsergebnisse
Geltendes Recht: Besteuerung des Gewinns - soweit nicht bereits über die Marktrendite erfasst - zum persönlichen Steuersatz nur bei Veräußerung innerhalb eines Jahres.
Zukünftig: Bei allen Veräußerungen nach dem 31.12.2008 volle Besteuerung des Gewinns zum Abgeltungsteuersatz.

Auswirkungen
Bei hohem persönlichem Steuersatz wirkt sich die Neuregelung günstig aus. Grundsätzlich sind die laufenden Erträge beim Schuldner als Betriebsausgaben abzugsfähig. Ein teilweises Mehr an Finanzierungsneutralität kann sich aus der Zinsschranke und den Hinzurechnungen bei der Gewerbesteuer ergeben.
Die allgemeine Veräußerungsgewinnbesteuerung vermeidet in Zukunft die

mit dem geltenden Recht verbundenen Abgrenzungsschwierigkeiten. Die neueste BFH-Rechtsprechung ist nicht immer überzeugend.

11. Festzinsanleihen

Laufende Erträge
Geltendes Recht: Besteuerung mit persönlichem Steuersatz. Bei offenem Ausweis werden die gezahlten Stückzinsen als negative Einnahmen und erhaltene Stückzinsen als normale Einnahmen behandelt.
Zukünftig: Abgeltungsteuer.

Veräußerungsergebnisse
Geltendes Recht: Besteuerung des Gewinns zum persönlichen Steuersatz nur bei Veräußerung innerhalb eines Jahres.
Zukünftig: Bei Erwerb nach dem 31.12.2008 immer Besteuerung des Gewinns zum Abgeltungsteuersatz.

Auswirkungen
Bei hohem persönlichem Steuersatz wirkt sich die Neuregelung günstig aus. Grundsätzlich sind die laufenden Erträge beim Schuldner als Betriebsausgaben abzugsfähig. Ein teilweises Mehr an Finanzierungsneutralität kann sich aus der Zinsschranke und den Hinzurechnungen bei der Gewerbesteuer ergeben.
Wegen der allgemeinen Veräußerungsgewinnbesteuerung verlieren die „steueroptimierten" Anlagen (Unterpari-Erwerb von Papieren aus früheren Niedrigzinsphasen) ihren Vorteil.

12. Zertifikate (ohne Garantiezertifikate)

Laufende Erträge
Fallen normalerweise nicht an

Veräußerungsergebnisse
Geltendes Recht: Besteuerung des Gewinns zum persönlichen Steuersatz

nur bei Veräußerung innerhalb eines Jahres.
Zukünftig: Bei Erwerb nach dem 31.12.2008 immer Besteuerung des
Gewinns zum Abgeltungsteuersatz. Zusätzliche Erfassung bei Erwerb nach
dem 14.03.2007 und Veräußerung nach dem 30.06.2009.

Auswirkungen
Beachtliche Rechtsvereinfachung, weil nicht mehr zwischen
Finanzinnovationen und diesen Zertifikaten unterschieden werden muss.

13. Termingeschäfte

Begriff
Entscheidendes Kriterium ist der bloße Differenzausgleich anstelle der
realen Lieferung der Wirtschaftsgüter.

Besteuerung
Geltendes Recht: nur steuerpflichtig mit persönlichem Steuersatz bei
Differenzausgleich innerhalb eines Jahres.
Zukünftig: Bei Vertragsschluss nach dem 31.12.2008 steuerpflichtig zum
Abgeltungsteuersatz unabhängig von Fristen.

Auswirkungen
Gewisse Rechtsvereinfachung, weil die Fälle der realen Lieferung des
Basiswertes und des reinen Differenzausgleichs gleich behandelt werden.
Durch den Wegfall der Jahresfrist wird die Steuerpflicht allerdings deutlich
ausgeweitet. Einen gewissen Ausgleich bietet die Möglichkeit zum
Verlustausgleich.

14. Sparpläne (ohne Riesterverträge)

Laufende Erträge
Geltendes Recht: Bei Gutschrift und bei Fondssparplänen auch bei
Thesaurierung Besteuerung mit dem persönlichen Steuersatz.
Zukünftig: Abgeltungsteuersatz.

Veräußerungsergebnisse
Geltendes Recht: Bei Erwerb einzelner Wirtschaftsgüter wie z.B.
Investmentanteilen vor dem 01.01.2009 Besteuerung zum persönlichen
Steuersatz nur bei Veräußerung innerhalb eines Jahres.
Zukünftig: Bei Erwerb z.B. der Investmentanteile nach dem 31.12.2008
volle Besteuerung des Veräußerungsgewinns zum Abgeltungsteuersatz.

Auswirkungen
Eindeutige Ausweitung der Steuerpflicht. Gegenüber dem Argument der
Alters-Vorsorge muss immer wieder betont werden, dass es sich hierbei
nur um ein nicht objektiv überprüfbares Motiv des Steuerpflichtigen
handelt. Der Gesetzgeber begrenzt seine Begünstigung konsequent auf die
Produkte, bei denen die Sicherstellung der Einnahmen für das Alter
produktimmanent ist (Riester; Rürup , private Rentenversicherung).

15. Kapitallebensversicherungen

Grundsatz
Umfang der Besteuerung ist abhängig vom Zeitpunkt des
Vertragsabschlusses

Vertragsabschluss vor dem 01.01.2005:
Versicherungsleistungen oder Rückkauf durch das
Versicherungsunternehmen meist steuerfrei, in Ausnahmefällen
Steuerpflicht der rechnungsmäßigen und außerrechnungsmäßigen Zinsen
mit dem persönlichen Steuersatz. Bei Steuerpflicht des Rückkaufs ist
demnächst auch der Verkauf an Dritte steuerpflichtig. Bei Leistungen des
Versicherungsunternehmens Steuerabzug von 25%, der zurzeit nur
Vorauszahlungs-, demnächst aber Abgeltungswirkung hat.

Bei Vertragsschluss nach dem 31.12.2004:
Steuerpflicht mit dem Unterschiedsbetrag, bei 12-jähriger Laufzeit und
Alter von 60 Jahren wird nur der hälftige Unterschiedsbetrag angesetzt.
Zurzeit Kapitalertragsteuerabzug auf (hälftigen) Unterschiedsbetrag mit
nachfolgender Veranlagung zum persönlichen Steuersatz. Demnächst

grundsätzlich Abgeltungsteuer, aber Berücksichtigung des halben Unterschiedsbetrags im Rahmen der Veranlagung.

Auswirkungen
Begrenzung des Steuersatzes wirkt sich günstig aus. Der Ansatz des hälftigen Unterschiedsbetrags wird fortgeführt, dies geschieht aber nur in der Veranlagung.

16. Private Rentenversicherungen

Bei privaten Rentenversicherungen bleiben wie bisher die Erträge während der Ansparphase steuerfrei und nur der Ertragsanteil in den Rentenleistungen wird besteuert. Keine Änderung durch die Einführung der Abgeltungsteuer.

Auswirkungen
Keine direkten Auswirkungen; ob die geänderte Besteuerung der konkurrierenden Anlageformen sich auswirkt, kann nicht sicher prognostiziert werden.

17. Riester-Verträge

In der Ansparphase keine Besteuerung (unabhängig davon, ob die Beiträge gefördert wurden). In der Auszahlungsphase nachgelagerte Besteuerung. Soweit die Leistungen auf geförderten Beiträgen beruhen erfolgt eine Erfassung der Leistung zu 100% mit dem persönlichen Steuersatz. Soweit die Leistungen nicht auf geförderten Beiträgen beruhen, richtet sich der mit dem persönlichen Steuersatz erfasste Betrag nach der Art der gewährten Leistung (bei Rentenauszahlung Ansatz mit dem Ertragsanteil; Bei Kapitalauszahlung in der Regel Ansatz des Unterschiedsbetrages ggf. hälftiger Unterschiedsbetrag).Keine Änderung durch die Einführung der Abgeltungsteuer.

Auswirkungen
Keine direkten Auswirkungen; ob die geänderte Besteuerung der konkurrierenden Anlageformen sich auswirkt, kann nicht sicher prognostiziert werden.

18. Basisversorgung (Rürup)

In der Ansparphase keine Besteuerung. In der Auszahlungsphase nachgelagerte Besteuerung. Es gilt die im Bereich der gesetzlichen Renten anzuwendende Kohortenbesteuerung. D.h. ein vom Jahr des Rentenbeginns abhängiger Teil der Rente wird mit dem persönlichen Steuersatz besteuert (im Jahr 2040 unterliegen alle dann beginnenden Renten zu 100% der nachgelagerten Besteuerung). Keine Änderung durch die Einführung der Abgeltungsteuer.

Auswirkungen
Keine direkten Auswirkungen; ob die geänderte Besteuerung der konkurrierenden Anlageformen sich auswirkt, kann nicht sicher prognostiziert werden.

19. Vermietete Immobilien

Laufende Erträge
Nach altem und neuem Recht Besteuerung der Einkünfte (Einnahmen ./. Werbungskosten) mit dem persönlichen Steuersatz.

Veräußerungsergebnisse
Nach altem und neuem Recht Besteuerung des Gewinns aus der Veräußerung nur bei Haltedauer unter 10 Jahren. In einer solchen kurzen Frist erlittene Veräußerungsverluste nur mit Gewinnen aus privaten Veräußerungsgeschäften ausgleichbar. Insoweit wirkt sich die Verschiebung der Veräußerungsgewinnbesteuerung für Kapitalanlagen von § 23 Abs. 1 Satz 1 Nr. 2 EStG nach § 20 Abs. 2 EStG aus.

Auswirkungen
Keine direkten Auswirkungen; ob die geänderte Besteuerung der konkurrierenden Anlageformen sich auswirkt, kann nicht sicher prognostiziert werden.

20. Eigengenutzte Immobilien

Laufende Erträge
Keine Besteuerung (Konsumgutlösung)

Veräußerungsergebnisse
Meist keine Besteuerung bei durchgängiger Eigennutzung oder Eigennutzung im Veräußerungsjahr und den beiden vorangegangenen Jahren (§ 23 Abs. 1 Satz 1 Nr. 1 Satz 3 EStG).

Auswirkungen
Keine direkten Auswirkungen; ob die geänderte Besteuerung der konkurrierenden Anlageformen sich auswirkt, kann nicht sicher prognostiziert werden.

21. Gewerbliche geschlossene Fonds

Für diese ändert sich durch die Abgeltungsteuer nichts, u.U. wirken sich andere Regelungen der Unternehmensteuerreform (Zinsschranke oder Hinzurechnungen bei der Gewerbesteuer) aus.

Auswirkungen
Keine direkten Auswirkungen; ob die geänderte Besteuerung der konkurrierenden Anlageformen sich auswirkt, kann nicht sicher prognostiziert werden. Die allgemeine Besteuerung von Veräußerungsgewinnen bei Kapitalanlagen, die bisher nicht existierte, könnte allerdings zu einer relativen Verbesserung führen.

22. Geschlossene Immobilienfonds

Für diese ändert sich durch die Abgeltungsteuer nichts.

Auswirkungen
Keine direkten Auswirkungen; ob die geänderte Besteuerung der konkurrierenden Anlageformen sich auswirkt, kann nicht sicher prognostiziert werden. Die allgemeine Besteuerung von Veräußerungsgewinnen bei Kapitalanlagen unabhängig von der Haltedauer könnte aber die Konkurrenzfähigkeit erhöhen, weil bei Immobilien die Zehnjahresfrist nicht verändert wird.

23. Geschlossene Fonds mit Kapitalanlagen

Laufende Erträge
Geltendes Recht: Erträge sind zurzeit steuerpflichtig und werden nach Berücksichtigung von Werbungskosten mit dem persönlichen Steuersatz versteuert.
Zukünftig Einnahmen unterliegen - ggf. nach Kürzung um den Sparer-Pauschbetrag in Höhe von 801 Euro - der Abgeltungsteuer. Leverage durch hohe Fremdfinanzierung ist nicht mehr möglich.

Veräußerungsgewinne
Geltendes Recht: Steuerpflichtig mit dem persönlichen Steuersatz und Halbeinkünfteverfahren nur bei Verkauf innerhalb der Jahresfrist des § 23 Abs. 1 Satz 1 Nr. 2 EStG. Bei einer (durchgerechneten) Beteiligung an einer Kapitalgesellschaft oder Genossenschaft von 1% und mehr besteht nach geltendem Recht unabhängig von der Haltedauer eine Steuerpflicht zum persönlichen Steuersatz unter Anwendung des Halbeinkünfte-verfahrens (§§ 17 und 3 Nr. 40 EStG).
Zukünftig: Bei Anschaffung der einzelnen Kapitalanlage, nicht des Fondsanteils nach dem 31.12.2008 greift die Steuerpflicht zum Abgeltungsteuersatz ein. Abweichendes gilt für eine (durchgerechnete) Beteiligung an einer Kapitalgesellschaft oder Genossenschaft von 1% oder mehr. Hier erfolgt auch in Zukunft eine Besteuerung zum persönlichen

Steuersatz mit Teileinkünfteverfahren.

Auswirkungen

Die Begrenzung des Steuersatzes wirkt sich günstig aus. Dieser Vorteil dürfte für steuergetriebene Gestaltungen aber durch die allgemeine Steuerpflicht von Veräußerungsgewinnen und die Begrenzung der Werbungskosten auf 801 Euro mehr als kompensiert werden.
Einem Ausweichen in geschlossene gewerbliche Fonds steht die Mehrbelastung mit der Gewerbesteuer entgegen.

24. Kirchensteuer auf abgegoltene Kapitalerträge

Vom Veranlagungszeitraum 2009 hat der Kirchensteuerpflichtige ein Wahlrecht, wie die Kirchensteuer auf seine Kapitaleinkünfte erhoben werden sollen. Er kann die Kirchensteuer entweder als Kirchensteuerabzug einbehalten (Variante 1) oder sie von dem für ihn zuständigen Finanzamt veranlagen lassen (Variante 2).

Variante 1: Einbehalt der Kirchensteuer durch die Bank

Auf schriftlichen Antrag des Kirchensteuerpflichtigen gegenüber seiner Bank wird die Kirchensteuer - wie die Steuer auf Kapitalerträge - im Abzugsverfahren von der Bank (Kirchensteuerabzugsverpflichteter) einbehalten und an das zuständige Finanzamt abgeführt (§51a Abs. 2c EStG). Die so abgeführte Kirchensteuer wird dann an die betreffende Religionsgemeinschaft weitergeleitet. Eine besondere Veranlagung ist insoweit entbehrlich. Der Antrag auf Einbehalt der Kirchensteuer durch die Bank kann widerrufen werden. Ein Widerruf der Erklärung ist lediglich für die Vergangenheit ausgeschlossen.

Variante 2: Festsetzung der Kirchensteuer auf Kapitalerträge im Veranlagungswege

Wenn der Kirchensteuerpflichtige die Kirchensteuer nicht als Steuerabzug einbehalten lässt, wird eine Veranlagung zur Kirchensteuer durchgeführt. Dazu hat er dem Finanzamt die einbehaltene Kapitalertragsteuer zu erklären und eine entsprechende Bescheinigung der Bank vorzulegen (§51a Abs. 2d EStG).

Index